Analyse de l'œuvre

Par Agnès Fleury
et Florence Balthasar

Comment Wang-Fô fut sauvé

de Marguerite Yourcenar

lePetitLittéraire.fr

Rendez-vous sur lepetitlitteraire.fr et découvrez :

Plus de 1200 analyses
Claires et synthétiques
Téléchargeables en 30 secondes
À imprimer chez soi

MARGUERITE YOURCENAR

ÉCRIVAINE FRANÇAISE NATURALISÉE AMÉRICAINE

- **Née en 1903 à Bruxelles**
- **Décédée en 1987 à Mount Desert (États-Unis)**
- **Quelques-unes de ses œuvres :**
  - *Nouvelles orientales* (1938), nouvelles
  - *Mémoires d'Hadrien* (1951), roman
  - *L'Œuvre au noir* (1968), roman

Née en Belgique de parents français, Marguerite de Crayencour, mieux connue sous le nom de Marguerite Yourcenar, devient la première femme élue à l'Académie française en 1980. Durant la Seconde Guerre mondiale (1939-1945), après avoir beaucoup voyagé, elle part vivre aux États-Unis, sur l'ile de Mount Desert, dans le Maine. Elle y enseigne la littérature française ainsi que l'histoire de l'art, et y demeure jusqu'à la fin de sa vie.

Marguerite Yourcenar est l'auteure de nombreuses œuvres portant l'empreinte de l'humanisme et de la culture classique dont elle est pétrie : des romans (*Mémoires d'Hadrien*, *L'Œuvre au noir*), des essais, des recueils de poésie, des nouvelles (*Nouvelles orientales*), des pièces de théâtre et des traductions. Son écriture se différencie des grands courants novateurs du XXe siècle par un souci du style classique et de la narration.

COMMENT WANG-FÔ FUT SAUVÉ

ENTRE ART ET RÉALITÉ : LA VIE DES IMAGES

- **Genre :** nouvelle
- **Édition de référence :** *Nouvelles orientales*, Paris, Gallimard, 1987, 168 p.
- **1re édition :** 1936
- **Thématiques :** art, respect, persévérance, dévouement, Orient

Les genres littéraires qu'elle privilégie (romans historiques et mémoires autobiographiques), son inspiration mythologique et mystique ainsi que son style classique et épuré rendent l'œuvre de Marguerite Yourcenar atypique parmi la littérature du XXe siècle. Les *Nouvelles orientales*, qu'elle écrit à partir de 1928 en s'inspirant de ses voyages en Grèce, dans les Balkans et en Asie, et publie une première fois sous forme de recueil en 1938, s'inscrivent dans cette singularité.

Comment Wang-Fô fut sauvé est la première des dix nouvelles dont est composé ce recueil. Ce titre connaitra par ailleurs un destin particulier, car Marguerite Yourcenar réalisera elle-même l'adaptation de ce roman à la littérature jeunesse.

RÉSUMÉ

LE DISCIPLE

L'histoire prend place dans la Chine médiévale, au royaume de Han. Ling est l'enfant unique de parents aisés qui, avant de mourir prématurément, l'ont installé dans une maison confortable et lui ont choisi une femme aussi douce qu'aimante, pour qu'il y mène une vie superficielle et oisive.

Ling rencontre Wang-Fô dans une taverne, tandis que le vieil homme peint un ivrogne. Le peintre prend le jeune homme pour compagnon de soirée et, malgré l'atmosphère populaire, parvient à lui faire percevoir la beauté qui réside en toutes choses. En retour, Ling lui offre l'hospitalité.

Cette rencontre va complètement bouleverser la vie du jeune Ling. Peu à peu, ce dernier ne se consacre plus qu'au service de l'artiste et de son œuvre. Délaissée, sa jeune épouse en conçoit un tel chagrin qu'elle se pend à la branche d'un arbre. Ling va jusqu'à vendre tout ce qu'il possède pour donner à Wang-Fô ce dont il a besoin pour peindre. Une fois la maison vidée de ses richesses, le jeune homme et celui qui est devenu son maitre prennent la route.

Wang-Fô et Ling cheminent au gré des inspirations de l'artiste. Partout où les deux hommes se rendent, la réputation de Wang-Fô les précède : le peintre aurait le pouvoir de donner vie à ses peintures. Leur nouvelle existence à tous les deux est désormais bien réglée. Ling veille sur le vieil homme, mendiant pour le nourrir et l'écoutant pour le réconforter. Il est totalement dévoué à son maitre au point de sacrifier sa vie pour le sauver des griffes de l'Empereur. Ce sacrifice prouve son attachement et son dévouement que même la mort n'empêchera pas.

En attendant, les deux hommes sont pauvres : les seuls biens dont ils disposent sont les instruments du peintre tandis que leurs seules ressources sont ses œuvres, qu'ils échangent contre un peu de nourriture. En effet, le maitre méprise l'argent et le disciple respecte le maitre.

LA DÉSILLUSION D'UN EMPEREUR

Wang-Fô et Ling arrivent bientôt dans la ville impériale. Alors qu'ils passent leur première nuit dans une modeste auberge, des soldats de la garde impériale viennent, à l'aube, les tirer du sommeil pour les arrêter. Les deux hommes sont conduits avec brutalité au palais, à l'architecture symbolique (où « tout [les salles, les portes, etc.] se concertait pour donner l'idée d'une puissance et d'une subtilité surhumaines », p. 17) et à la décoration raffinée. Là, protégé des regards et entouré de ses courtisans, l'Empereur attend qu'on lui amène ses prisonniers.

Alors que Wang-Fô s'étonne d'être ainsi arrêté, lui qui n'a jamais nui à l'État, l'Empereur propose de lui raconter sa vie, afin que le vieil homme comprenne quel tort il lui a causé. Totalement seul et ignorant du monde extérieur, le jeune Empereur a vécu les 16 premières années de sa vie isolé dans une pièce de son palais, avec pour seule compagnie une collection des peintures de Wang-Fô rassemblée par son père. Il s'est ainsi convaincu que le monde était aussi beau que les œuvres qu'il contemplait tout au long de la journée. Mais, lorsqu'à 16 ans, au cours de sa première sortie, il lui a été permis de voir le monde de ses propres yeux, la réalité l'a tellement déçu qu'il en a conçu un vif ressentiment à l'égard de celui qui l'avait bercé d'illusions.

Considérant que Wang-Fô lui a menti et devenu jaloux du pouvoir qu'exerce le peintre sur un monde auquel il n'a pas accès, l'Empereur condamne le vieil homme à avoir les yeux brulés et les deux mains coupées.

DU POUVOIR DE L'ART

À l'annonce de cette sentence, Ling se jette sur l'Empereur, armé d'un couteau. Celui-ci ordonne qu'on lui coupe la tête. Puis il annonce à Wang-Fô qu'avant de recevoir son châtiment, il devra mener à bien un dernier projet s'il ne veut pas voir ses œuvres détruites : le vieux peintre devra achever l'une des peintures que possède l'Empereur et qu'il avait laissée à l'état d'ébauche.

Alors que Wang-Fô s'attèle à la tâche et reprend le rouleau de soie sur lequel il avait commencé à peindre un paysage marin, un singulier phénomène se produit. De l'eau – comme sortie de l'œuvre du peintre – apparait sur le sol du palais impérial et commence à monter, au risque de noyer l'assistance.

Le peintre ajoute à son œuvre le dessin d'un canot, et des coups de rames se font entendre. Sur le canot se tient Ling, ressuscité, qui aide son maitre à monter à bord. Les deux hommes quittent le palais, laissant derrière eux l'Empereur, les courtisans et le rouleau de soie, sur lequel la barque dessinée disparait peu à peu. Et c'est ainsi que Wang-Fô et son disciple Ling furent sauvés.

ÉTUDE DES PERSONNAGES

WANG-FÔ, LE PEINTRE

Wang-Fô est la figure de l'artiste errant, habité uniquement par son art. On ne sait d'ailleurs rien de lui ni de son passé, si ce n'est qu'il est vieux et qu'il est peintre.

Célèbre et reconnu par les plus hautes sphères de la société (l'Empereur possède toute une collection de ses œuvres), comme par l'ensemble de la population (« Les fermiers venaient le supplier de leur peindre un chien de garde, et les seigneurs voulaient de lui des images de soldats », p. 15), Wang-Fô préfère pourtant, plutôt que de mener une vie confortable, parcourir les routes à la recherche de nouveaux sujets à peindre et vivre dans le plus grand dénuement. La source d'inspiration du peintre est la nature, si chère au taoïsme (religion chinoise fondée au VIe siècle av. J.-C. par Laozi [philosophe chinois, VIe siècle-Ve siècle av. J.-C.]), de laquelle son œil d'artiste extrait le beau.

Le peintre se situe, dans tous les domaines de la vie physique, au-delà des contingences matérielles :

- pour manger, il échange « ses peintures contre une ration de bouillie de millet » (p. 11) ;
- lorsqu'il boit, c'est « pour se mettre en état de mieux peindre un ivrogne » (p. 12) ;
- les femmes ne l'intéressent pas, car « la toile est [sa] seule maîtresse » (p. 23).

Wang-Fô est si détaché du monde terrestre et des réalités que même l'attachement qu'il porte aux personnes qui l'entourent est toujours nuancé par la perception qu'il a des couleurs et de la beauté. Ainsi, alors que la jeune femme de Ling vient de se suicider, il « la peignit une dernière fois, car il aimait cette teinte verte dont se recouvre la figure des morts » (p. 14). De même, tandis que la tête de Ling vient d'être coupée, il « admira la belle tache écarlate que le sang de son disciple faisait sur le pavement de pierre verte » (p. 22).

Cette posture confère au peintre un pouvoir : il donne vie à ses œuvres. Ainsi, il apparait comme un « sorcier » (p. 15) aux yeux du peuple superstitieux et comme un « sage » (*ibid.*) aux yeux des prêtres. Ce dernier qualificatif est particulièrement parlant, car il fait de Wang-Fô une figure du philosophe qui voit au-delà de l'apparence des choses et qui fait de la recherche de la beauté, de la vérité et du bonheur la quête absolue (« Wang-Fô aimait l'image des choses, et non les choses elles-mêmes », p. 11).

La forme populaire du taoïsme est d'ailleurs une religion chinoise faite de superstitions et de pratiques – parfois occultes – tournées vers l'octroi du bonheur ou l'apport de calamités. En langue chinoise, *Wang* signifie « roi » et *Fô* signifie « bonheur » : l'étymologie vient ainsi renforcer cette lecture du texte.

Plongé dans son art, le peintre est à mille lieues des contingences matérielles. Un tel détachement lui donne accès à une réalité autre. Ainsi, pour les initiés comme Wang-Fô, la mort n'est pas une fin en soi, mais bien le commencement d'une autre vie, un départ « pour le pays au-delà des flots » (p. 26).

LES FIGURES FILIALES : L'EMPEREUR ET LING

Ces deux personnages sont construits en miroir autour de celui de Wang-Fô. Cette thématique apparait d'ailleurs lors de la description des deux jeunes hommes.

Leurs points communs

Contrairement à Wang-Fô, les deux jeunes hommes sont situés par rapport à leur vie passée. Pour chacun d'eux, la narratrice réalise un récit rétrospectif retraçant leur condition sociale, leur jeunesse et leur rencontre avec le vieux peintre. Ainsi, on apprend que l'Empereur et le jeune Ling ont mené des vies préservées et confortables, mais solitaires : d'un côté, « Ling avait grandi dans une maison d'où la richesse éliminait les hasards. Cette existence calfeutrée l'avait rendu timide » (p. 12), tandis qu'« on avait organisé autour de [l'Empereur] la solitude pour [lui] permettre d'y grandir » (p. 19).

Leurs différences

Malgré des similitudes, les deux personnages ne connaissent pas le même destin car, lors de leur rencontre avec Wang-Fô, ils n'adoptent pas la même attitude.

Ling fait preuve d'un respect absolu pour son maitre et d'une adhésion totale à son enseignement. Ainsi, il adopte peu à peu la façon de vivre et de sentir du peintre, se débarrassant de ses richesses (« Ling ferma derrière lui la porte de son passé », p. 15) et transcendant la mort de sa femme grâce à la pratique de l'art. L'enseignement reçu par Ling fait cruellement défaut à l'Empereur qui, à l'inverse, adopte une attitude faite d'hostilité et de jalousie à l'égard du maitre. En effet, l'Empereur a grandi seul, bercé par ses propres interprétations des tableaux qu'il admirait tant. La lecture erronée, suivie d'une cruelle désillusion, a nourri l'hostilité du jeune Empereur dont le pouvoir se trouve désormais nié : « Toi dont les sortilèges m'ont dégoûté de ce que je possède [...] je te hais. » (p. 21)

Ces différences aboutissent donc à des actions diamétralement opposées : alors que l'Empereur condamne Wang-Fô à la mutilation, Ling ressuscite pour le sauver. L'auteur propose ainsi deux figures filiales antagonistes. En effet, la notion de parenté à l'égard de Wang-Fô, père spirituel, est présente pour les deux personnages : « Ling coucha respectueusement le vieillard dans la chambre où ses père et mère étaient morts. » (p. 13)

Attentif aux enseignements du maitre, Ling grandit et porte un regard neuf sur le monde grâce à Wang-Fô. Le disciple adopte une attitude respectueuse envers ce père spirituel qui dissipe toutes ses peurs. Les adverbes « respectueusement » (p. 11-13) et « humblement » (p. 13) apparaissent d'ailleurs à diverses reprises lorsqu'il s'agit d'évoquer l'attitude de Ling envers Wang-Fô.

Face au respect qu'inspire Wang-Fô à Ling se dresse la révolte de l'Empereur qui se sent trahi. Après une enfance bercée d'illusions, le jeune Empereur découvre que son empire « n'est qu'un amas de taches confuses, jetées sur le vide par un peintre insensé » (p. 21). Il ajoute : « Tu m'as menti, Wang-Fô, vieil imposteur. » (*ibid.*)

LA JEUNE ÉPOUSE DE LING

La jeune épouse de Ling est un personnage dépourvu de consistance : elle est « frêle comme un roseau » (p. 12). Sa présence puis sa disparition sont comme les étapes du cheminement de Ling vers l'abandon de sa vie passée et vers la dévotion qu'il porte à Wang-Fô.

La mort de la jeune femme est donc inévitable, car elle ne vit que pour son amour pour Ling. Et celui-ci va reporter cet amour sur Wang-Fô et son art : « Depuis que Ling lui préférait les portraits que Wang-Fô faisait d'elle, son visage se flétrissait. » (p. 14) C'est le vieux peintre qui, symboliquement, lui vole son dernier souffle en la représentant dans ses peintures – il donne ainsi au rouleau de soie la vie qu'il ôte à son modèle.

CLÉS DE LECTURE

AMBIGÜITÉ DU GENRE

Conte ou nouvelle ?

Comment Wang-Fô fut sauvé est tiré du recueil *Nouvelles orientales* et peut tout naturellement être qualifié de nouvelle. Il en a d'ailleurs toutes les caractéristiques :

- c'est un récit court construit autour d'une intrigue simple ;
- il comprend un nombre restreint de personnages ;
- l'action est resserrée : le récit débute rapidement et se conclut sur une chute surprenante.

Toutefois, Marguerite Yourcenar laisse elle-même planer le doute sur le genre des récits de son recueil en déclarant : « Le titre *Contes et nouvelles* eût peut-être convenu davantage. » (p. 147) En effet, *Comment Wang-Fô fut sauvé* s'apparente également au conte :

- le récit présente un schéma narratif quinaire, c'est-à-dire composé de cinq étapes, typique du conte. On distingue une situation initiale (le peintre et son disciple voyagent), un élément perturbateur (ils sont arrêtés), des péripéties (l'Empereur fait exécuter Ling et menace Wang-Fô), un dénouement (Wang-Fô peint un moyen d'évasion) et une situation finale (chacun reprend sa route) ;
- on y retrouve un mode narratif classique où le narrateur, non identifié et extérieur à l'histoire, est omniscient et s'autorise quelques commentaires qui apportent une

teinte morale au conte ;

- le titre est construit sur le modèle du conte oral, il semble qu'une voix ouvre l'histoire par une sentence telle que « Je vais vous raconter comment Wang-Fô fut sauvé ».

Le merveilleux

Nouvelle ou conte, ces genres se rejoignent quand il s'agit d'introduire les notions de fantastique ou de merveilleux dans le récit. Dans les deux cas, il s'agit de l'intervention d'êtres surnaturels, de magie ou de féérie dans l'histoire, la différence entre les deux étant que le fantastique introduit toujours un doute entre l'explication rationnelle et scientifique des faits et leur explication surnaturelle, laissant le lecteur libre de choisir son interprétation.

Dans *Comment Wang-Fô fut sauvé*, le narrateur évoque par petites touches les pouvoirs magiques prêtés au peintre, éveillant de ce fait l'attention du lecteur. Ce n'est cependant qu'à la fin de la nouvelle que le merveilleux apparait réellement : « Le pavement de jade devenait singulièrement humide, mais Wang-Fô, absorbé dans sa peinture, ne s'apercevait pas qu'il travaillait assis dans l'eau. » (p. 24) Cette phrase constitue un tournant, à partir duquel le merveilleux fait brusquement irruption dans l'histoire. Ce basculement ne crée pourtant pas un choc : ni le narrateur, ni les personnages ne semblent être surpris. Le merveilleux semble naitre de lui-même, se réveiller comme quelque chose de latent depuis le début du récit.

ÉDUCATION ET TRANSMISSION

Comment Wang-Fô fut sauvé est également un récit initiatique, c'est-à-dire une histoire dans laquelle le lecteur suit l'évolution, qu'elle soit positive ou non, d'un ou de plusieurs personnages – ici, Ling et l'Empereur – vers la compréhension du monde et de lui-même.

Le texte offre, à travers les rapports du peintre avec Ling, d'une part, et avec l'Empereur, d'autre part, deux modèles d'éducation :

- **Wang-Fô/Ling**. Ling est le disciple attitré du peintre. Depuis que Wang-Fô a permis à Ling d'ouvrir son âme (« Wang-Fô venait de lui faire cadeau d'une âme et d'une perception neuve », p. 13), les deux hommes vivent une vie de compagnonnage. Dans une acceptation mutuelle, le maitre et le disciple regardent le monde ensemble et la transmission se fait de cette manière. Il s'agit d'une conception traditionnelle de l'éducation, fondée sur l'observation d'un maitre à l'œuvre et sur une totale soumission du disciple. Ainsi, Ling suit Wang-Fô où qu'il aille, dès qu'il « était las d'une ville où les visages n'avaient plus à lui apprendre aucun secret de laideur et de beauté, et le maitre et le disciple vagabondèrent ensemble sur les routes du royaume de Han » (p. 15). Les conditions de vie des deux hommes sont précaires, mais l'enseignement reçu vaut tous les sacrifices. Le dévouement du disciple à celui qui le guide sur les chemins de l'art est tel qu'il va au-delà des frontières de la mort : « Vous vivant, dit respectueusement Ling, comment aurais-je pu mourir ? »

(p. 25) La récompense est proportionnelle à ce dévouement car Ling est sauvé et accède, avec son maitre, au
« pays au-delà des flots » (p. 26). La mort n'est donc pas
une fin en soi ;
- **Wang-Fô/L'Empereur**. À l'inverse, les rapports de
  Wang-Fô et de l'Empereur ne sont que des rapports de
  force. L'Empereur contraint le vieil homme à venir à sa
  rencontre et le menace. Il ne connait le peintre qu'à travers les tableaux qu'il possède et qui lui ont été transmis
  par héritage. Cette relation ne repose donc pas sur la
  volonté d'un maitre d'accepter un disciple, et l'absence
  d'humilité de l'Empereur est flagrante lorsqu'il pense
  pouvoir décrypter seul les œuvres d'art laissées à sa
  portée. Sans guide, il aboutit à l'erreur et à la frustration.
  La fin du récit montre l'Empereur abandonné, incapable
  de rejoindre un monde qu'il souhaiterait posséder, mais
  qui lui est inaccessible, car il n'y a pas été éduqué.

Ce récit initiatique est ainsi porteur de plusieurs leçons, no-
tamment celle de l'humilité. Aussi Ling atteint-il le bonheur
en suivant les enseignements du maitre. Il abandonne tout
et ne se plaint pas par la suite. L'Empereur, quant à lui, pèche
par orgueil : il pensait tout savoir par lui-même et n'accepte
pas l'échec ni la contradiction. Il est donc loin d'être humble
et restera donc exclu du monde de l'art.

L'ORIENT LITTÉRAIRE

Dès la première phrase, Marguerite Yourcenar situe l'action
de sa nouvelle dans le temps et dans l'espace en évoquant le
« royaume de Han », deuxième dynastie impériale chinoise.

Puis, en quelques pages, elle brosse un tableau historique et culturel réaliste de cette Chine du Moyen Âge, décrivant un pouvoir absolu aux mains d'un Empereur surnommé « Fils du ciel » (p. 17), une cour impériale avec une étiquette à respecter, une vie sociale et culturelle (« Il fréquentait les maisons de thé pour obéir à la mode », p. 12) et donnant un aperçu des techniques de peinture et de calligraphie en usage à l'époque (« Son disciple Ling broyait les couleurs », p. 14).

Mais, au-delà de ce réalisme et avec une grande économie de moyens, Marguerite Yourcenar permet au lecteur de se plonger rapidement dans une atmosphère extrême-orientale et d'y trouver des points de repère. Pour cela, elle a recours à deux procédés stylistiques :

- un champ lexical spécifique et évocateur : « encres de Chine », « rouleaux de soie » (p. 11), « marchand de jade », « alcool de riz » (p. 12), « eunuque » (p. 17) ou encore « lotus » (p. 25) sont autant de mots-clés qui évoquent un exotisme oriental ;
- une esthétique propre aux œuvres picturales chinoises : la description des œuvres de Wang-Fô et les figures de style utilisées par l'auteur, comme les comparaisons (« les tresses de courtisans submergés ondulaient à la surface comme des serpents, et la tête pâle de l'Empereur flottait comme un lotus », *ibid.*) et les métaphores (« les cheveux d'algues des rochers », p. 23), véhiculent l'imagerie des œuvres chinoises classiques et en appellent à l'imaginaire collectif.

En utilisant ces codes de l'orientalisme, Marguerite

Yourcenar inscrit *Comment Wang-Fô fut sauvé* dans une tradition littéraire bien établie en Europe depuis le récit du voyage en Orient de Marco Polo (voyageur vénitien, 1254-1324) jusqu'aux XVIIIe et XIXe siècles – les *Lettres persanes* (1721) de Montesquieu (écrivain français, 1689-1755) ou les *Souvenirs, impressions, pensées et paysages pendant un voyage en Orient (1832-1833) ou Notes d'un voyageur* (1835) de Lamartine (poète français, 1790-1869) – qui fait de l'Orient une matière à rêver et à réfléchir.

Dans cet Orient littéraire, la Chine se définit traditionnellement par l'opposition entre un raffinement esthétique et des mœurs barbares (à titre d'exemple, l'arrestation de Wang-Fô par des soldats de la garde impériale : « Ils posèrent lourdement la main sur la nuque de Wang-Fô, qui ne put s'empêcher de remarquer que leurs manches n'étaient pas assorties à la couleur de leur manteau », p. 16).

UNE PORTÉE SYMBOLIQUE ET PHILOSOPHIQUE

Au-delà de ses caractéristiques génériques, *Comment Wang-Fô fut sauvé* invite le lecteur à l'introspection. L'histoire contée l'emporte non seulement dans un monde de rêverie, mais aussi de réflexion.

Aussi, le décès de la femme de Ling incite-t-il à la réflexion dès l'ouverture du récit. En se donnant la mort, la jeune femme marque une rupture, une prise de conscience dans le chef de Ling. Ce dernier, qui vivait anciennement dans l'insouciance et l'oisiveté, semble renaitre pour une vie nouvelle au côté du maitre Wang-Fô. Par son incarnation charnelle, la jeune épouse, pourtant sincèrement aimée, rattachait Ling à un monde futile. Son départ permet à Ling de s'élever pour atteindre la spiritualité de Wang-Fô.

En outre, l'art joue ici un rôle non négligeable. Yourcenar semble présenter une vision de l'art pour l'art, un art qui se suffirait à lui-même. Aussi Wang-Fô initie-t-il Ling – et le lecteur – à cette forme d'art qui invite à contempler « l'image des choses, et non les choses elles-mêmes » (p. 11). Il enseigne que la beauté se révèle dans le regard de celui qui le pose. Wang-Fô voit avec ravissement jusque dans les plus infimes détails du monde, ainsi transformé en un monde idéalisé, sublimé. Le maitre, à l'instar de théoriciens de l'art pour l'art, semble penser que son art est sans but car « tout but dénature l'art » (CONSTANT B., *Journal intime*, Paris, Paul Ollendorff, 1895, p. 7). En effet, l'humble Wang-Fô n'a d'autre ambition que de pérégriner et peindre au fil de ses découvertes.

LA SUPRÉMATIE DE L'ART

Comment Wang-Fô fut sauvé propose donc une réflexion autour des concepts d'« art » et de « réalité ». Ce court récit offre une réflexion philosophique sur ces deux notions qui sont envisagées dans la relation entretenue avec l'Homme et sa conception du monde. L'art est dès lors présenté comme supérieur à la réalité, et ce par les différentes facettes de l'histoire et des personnages :

- **le peintre**. Le personnage de Wang-Fô est réputé à

travers les contrées chinoises pour son incroyable don. Il parviendrait en effet à donner vie aux images qu'il crée. Ce pouvoir est tel qu'il est capable d'absorber l'essence de vie chez son modèle, le rendant ainsi comme pétrifié. Aussi, lorsqu'il peint, Wang-Fô est dans une réalité parallèle, artistique, tant et si bien qu'il ne remarque pas l'eau monter, puis recouvrir « jusqu'aux épaules, les courtisans, immobilisés [et] attei[ndre] enfin [le] niveau du cœur impérial » (p. 25). Sous son pinceau, la nature s'anime donc et s'humanise même. Ainsi, les flots, la mer ou encore les rochers deviennent semblables à des êtres de chair et d'os : « Les paupières bleues des flots [...], les franges du manteau de la mer, [...] les cheveux d'algues des rochers » semblent dessiner les traits d'une silhouette humaine (p. 23). Pour l'artiste, l'art supplante donc la réalité et prend le pas sur elle en s'immisçant dans le réel lorsque le tableau de Wang-Fô s'anime à la fin de la nouvelle ;

- **l'apprenti**. Ling se place dans la lignée du compagnon, de l'apprenti en formation auprès du maitre. Il a d'ailleurs mis toute sa vie de côté pour suivre ce maitre, Wang-Fô, dont la rencontre a été une révélation. De fait, grâce à cette rencontre, Ling découvre la réalité sous un autre angle, celui de l'art : il « venait de lui faire cadeau d'une âme et d'une perception neuves » (p. 13). Surplombée par l'art, la réalité se voit également embellie : « Ling connut la beauté des faces de buveurs estompées par la fumée des boissons chaudes, la splendeur brune des viandes inégalement léchées par les coups de langue du feu, et l'exquise roseur des taches de vin, parsemant les nappes comme des pétales fanés. » (*ibid.*) Les peurs de l'apprenti sont aussi apaisées par la compréhension du monde à travers la découverte de l'art. L'angle artistique révèle la beauté en toute chose, y compris celles qui sont d'habitude source d'effroi : « Wang-Fô se pencha pour faire admirer à Ling la zébrure livide de l'éclair, et Ling, émerveillé, cessa d'avoir peur de l'orage. » (*ibid.*) Ajoutons que les biens matériels n'ont désormais plus aucune saveur étant donné que l'art suffit à embellir le monde, à contenter les besoins ;

- **l'épouse de l'apprenti**. Un temps muse de Wang-Fô, la jeune épouse de Ling sent qu'elle a cessé d'exister dans le regard de son époux. Ce dernier la délaisse en effet, lui « [préférant] les portraits que Wang-Fô faisait d'elle » (p. 14). Petit à petit, la jeune femme s'éteint, « son visage se flétri[t] » (*ibid.*). Dépossédée de sa beauté par les tableaux du maitre, elle se suicide. Cet acte ultime marque aussi la supplantation totale de la réalité par l'art : « elle paraissait [...] pure comme les belles célébrées par les poètes des temps révolus. Wang-Fô la peignit une dernière fois. » (*ibid.*) Ainsi la littérature et la peinture ont pris le pas sur la vie, la réalité physique d'un être ;

- **l'Empereur**. L'exemple de l'Empereur vient d'autant plus appuyer la force de l'art sur la réalité. Le jeune homme est irrémédiablement déçu par la réalité qu'il découvre après 16 années d'isolement. Durant cette période, le futur Empereur n'avait fréquenté que les œuvres de Wang-Fô. Il s'était ainsi construit une image erronée et sublimée de la réalité à travers les peintures qui l'entouraient. Ces dernières représentaient dans son esprit la réalité. Quelle ne fut pas sa déconvenue quand il découvrit que « les nuages [...] étaient moins beaux que ceux [des] crépuscules [de Wang-Fô] [ou que] la vermine des villages [l']empêch[ait] de voir la beauté des rizières » (p. 21). L'Empereur se sent intimement trahi et décrète qu'il n'y a qu'un « seul empire sur lequel il vaille la peine de régner [...] celui [du] vieux Wang » (*ibid.*). Immensément déçu, il se sent totalement dépossédé : l'empire sur lequel il règne est certes réel, mais inférieur au monde de l'art où réside la beauté. L'empire qu'il possède n'est que laideur et vulgarité à ses yeux.

Même si l'art domine la réalité, il n'est pas pour autant accessible à tous. Ainsi, quand Wang-Fô ouvre un passage entre le monde réel et le monde de l'art, il parvient à l'emprunter avec son acolyte, Ling, tandis que les autres, trop ancrés dans le réel, ne peuvent les suivre. Ling confie d'ailleurs que « [c]es gens ne sont pas faits pour se perdre à l'intérieur d'une peinture » (p. 26).

Notons tout de même que l'artiste et son fidèle compagnon ne survivent pas – dans ce monde du moins – à l'œuvre : « Le peintre Wang-Fô et son disciple Ling disparurent à jamais. » (p. 27) Artistes et proches de l'art forment donc une sorte de groupe restreint d'initiés. Ces initiés partagent une vision de l'art enrichissant la réalité et rendant tangible ce qui ne l'est pas, une vision impossible à transmettre aux non-initiés.

UNE ÉCRITURE POÉTIQUE

Ce court récit met l'art sur un piédestal. Outre le message véhiculé par l'histoire elle-même, l'écriture de Yourcenar est en soi une ode à l'art. À la fois poétique et imagée, l'écriture de *Comment Wang-Fô fut sauvé* semble être un manifeste en faveur de la beauté artistique. Chaque mot, chaque phrase, semble être senti pour provoquer la rêverie et stimuler l'imaginaire du lecteur : alors que son père a « atteint l'âge où la nuit sert à dormir », Ling se marie et « après les noces, les parents de Ling poussèrent la discrétion jusqu'à mourir » (p. 12). Il se dégage une sorte de douceur dans la simplicité des tournures pourtant si poétiques.

De plus, l'art – ou devrait-on dire les arts – est ici transcendé grâce à des comparaisons insérées dans le texte. Les mots ajoutés par Yourcenar créent des images embellissant et sublimant les propos, comme si l'auteure tentait de peindre un tableau à travers ses mots. Ainsi, « Ling, pliant sous le poids d'un sac d'esquisses, courbait respectueusement le dos comme s'il portait la voute céleste » (p. 11), « la forme délicate d'un arbuste [...] compar[é] à une jeune femme qui laisse sécher ses cheveux » (p. 13) ou encore « son visage se flétrissait, comme la fleur en butte au vent chaud ou aux pluies d'été » (*ibid.*).

Le texte regorge de comparaisons et métaphores qui subliment le texte, mais le rendent également plus léger et imagé. Le lecteur visualise ainsi presque instantanément chaque bribe d'histoire. Cette représentation progressive de l'histoire dans sa totalité n'est pas sans rappeler la composition d'une peinture. Pas à pas, le lecteur devient lui-même peintre d'un tableau aussi irréel que pur grâce à cette écriture simple, imagée et poétique, également caractéristique de la littérature orientale.

Comment Wang-Fô fut sauvé – tout comme le recueil *Nouvelles orientales* dont il est issu – a rencontré un franc succès à travers le monde, comme en atteste les multiples traductions en anglais, allemand, grec, polonais, italien, suédois ou encore, japonais. L'auteure a également réalisé une adaptation de cette nouvelle pour la jeunesse. La nouvelle de Yourcenar peut en effet se targuer d'une certaine universalité : l'histoire laisse, à tous, la porte ouverte à la réflexion philosophique sur l'art et la vision du monde. Le propos est également accessible, imagé, poétique et doux, touchant les individus d'où qu'ils viennent et quelle que soit leur culture.

PISTES DE RÉFLEXION

QUELQUES QUESTIONS POUR APPROFONDIR SA RÉFLEXION...

- Marguerite Yourcenar a dit à propos de sa nouvelle : « Wang-Fô sort d'un conte taoïste ; je ne l'ai pas inventé. Évidemment on retouche toujours un peu. » (« Nouvelles orientales », in *cidmy.be*) Commentez cette affirmation.
- À partir de la phrase suivante, tirée du *Tao Te King* (principal texte de la religion taoïste, attribué à Laozi, vers le IIIe siècle av. J.-C.), expliquez en quoi Wang-Fô peut être considéré comme un sage taoïste : « Ainsi, celui qui possède le Tao,/ Plie son vouloir pour des œuvres puissantes,/ Vide son cœur pour des réponses appropriées. » (Traité I, *Le Tao originel*)
- Étudiez le décor du palais de l'Empereur dans sa dimension réaliste et symbolique.
- Détaillez la façon dont Ling se détourne de son passé. En quoi est-ce nécessaire pour mener à bien le nouveau genre de vie qu'il s'est choisi ?
- Wang-Fô est-il conscient de son pouvoir ? Prémédite-t-il sa fuite ?
- Comparez les attitudes de Ling et de Wang-Fô face à la mort.
- « Enfin, la barque vira autour d'un rocher qui fermait l'entrée du large ; l'ombre d'une falaise tomba sur elle ; le sillage s'effaça de la surface déserte, et le peintre Wang-Fô et son disciple Ling disparurent à jamais sur cette mer de jade bleu que Wang-Fô venait d'inventer. » (p. 27) Que vous inspire cette phrase de la nouvelle, dans

laquelle l'auteure préfère le verbe « inventer » à un verbe plus spécifique à la peinture tel que « peindre » ?

- Marguerite Yourcenar a elle-même adapté *Comment Wang-Fô fut sauvé* pour la littérature jeunesse. En quoi cette nouvelle se prêtait-elle particulièrement à une telle adaptation ?
- Quels sont les éléments que l'auteure a modifiés pour transformer la nouvelle en texte adapté à la littérature jeunesse et pourquoi ?
- Les rapports entre art et réalité et la notion de fantastique ont également été abordés dans *Le Portrait de Dorian Gray* (1891) d'Oscar Wilde (écrivain irlandais, 1854-1900). Quels points communs et quelles différences relevez-vous dans le traitement de ces thématiques entre ce roman et *Comment Wang-Fô fut sauvé* ?

Votre avis nous intéresse !
Laissez un commentaire sur le site de votre librairie en ligne
et partagez vos coups de cœur sur les réseaux sociaux !

POUR ALLER PLUS LOIN

ÉDITION DE RÉFÉRENCE

- YOURCENAR M., *Nouvelles orientales*, Paris, Gallimard, 1987.

ÉTUDES DE RÉFÉRENCE

- CONSTANT B., *Journal intime de Benjamin Constant et lettres à sa famille et à ses amis*, Paris, Paul Ollendorff, 1895.
- « Nouvelles orientales », in *cidmy.be*, consulté le 19 juin 2017. https://www.cidmy.be/web/index.php?Itemid=7&option=com_zoo&view=item&category_id=1&item_id=77

ADAPTATION

- *Comment Wang-Fô fut sauvé*, court métrage d'animation franco-coréen de René Laloux et Philippe Caza, 1987.

SUR LEPETITLITTÉRAIRE.FR

- Fiche de lecture sur les *Mémoires d'Hadrien* de Marguerite Yourcenar.

Retrouvez notre offre complète sur lePetitLittéraire.fr

- des fiches de lectures
- des commentaires littéraires
- des questionnaires de lecture
- des résumés

ANOUILH
- Antigone

AUSTEN
- Orgueil et Préjugés

BALZAC
- Eugénie Grandet
- Le Père Goriot
- Illusions perdues

BARJAVEL
- La Nuit des temps

BEAUMARCHAIS
- Le Mariage de Figaro

BECKETT
- En attendant Godot

BRETON
- Nadja

CAMUS
- La Peste
- Les Justes
- L'Étranger

CARRÈRE
- Limonov

CÉLINE
- Voyage au bout de la nuit

CERVANTÈS
- Don Quichotte de la Manche

CHATEAUBRIAND
- Mémoires d'outre-tombe

CHODERLOS DE LACLOS
- Les Liaisons dangereuses

CHRÉTIEN DE TROYES
- Yvain ou le Chevalier au lion

CHRISTIE
- Dix Petits Nègres

CLAUDEL
- La Petite Fille de Monsieur Linh
- Le Rapport de Brodeck

COELHO
- L'Alchimiste

CONAN DOYLE
- Le Chien des Baskerville

DAI SIJIE
- Balzac et la Petite Tailleuse chinoise

DE GAULLE
- Mémoires de guerre III. Le Salut. 1944-1946

DE VIGAN
- No et moi

DICKER
- La Vérité sur l'affaire Harry Quebert

DIDEROT
- Supplément au Voyage de Bougainville

DUMAS
• Les Trois
  Mousquetaires

ÉNARD
• Parlez-leur
  de batailles,
  de rois et
  d'éléphants

FERRARI
• Le Sermon sur la
  chute de Rome

FLAUBERT
• Madame Bovary

FRANK
• Journal
  d'Anne Frank

FRED VARGAS
• Pars vite et
  reviens tard

GARY
• La Vie devant soi

GAUDÉ
• La Mort du
  roi Tsongor
• Le Soleil des
  Scorta

GAUTIER
• La Morte
  amoureuse
• Le Capitaine
  Fracasse

GAVALDA
• 35 kilos d'espoir

GIDE
• Les
  Faux-Monnayeurs

GIONO
• Le Grand
  Troupeau
• Le Hussard
  sur le toit

GIRAUDOUX
• La guerre de
  Troie
  n'aura pas lieu

GOLDING
• Sa Majesté des
  Mouches

GRIMBERT
• Un secret

HEMINGWAY
• Le Vieil Homme
  et la Mer

HESSEL
• Indignez-vous !

HOMÈRE
• L'Odyssée

HUGO
• Le Dernier Jour
  d'un condamné
• Les Misérables
• Notre-Dame
  de Paris

HUXLEY
• Le Meilleur
  des mondes

IONESCO
• Rhinocéros
• La Cantatrice
  chauve

JARY
• Ubu roi

JENNI
• L'Art français
  de la guerre

JOFFO
• Un sac de billes

KAFKA
• La Métamorphose

KEROUAC
• Sur la route

KESSEL
• Le Lion

LARSSON
• Millenium I. Les
  hommes qui
  n'aimaient pas
  les femmes

LE CLÉZIO
• Mondo

LEVI
• Si c'est un
  homme

LEVY
• Et si c'était vrai…

MAALOUF
• Léon l'Africain

MALRAUX
- La Condition humaine

MARIVAUX
- La Double Inconstance
- Le Jeu de l'amour et du hasard

MARTINEZ
- Du domaine des murmures

MAUPASSANT
- Boule de suif
- Le Horla
- Une vie

MAURIAC
- Le Nœud de vipères

MAURIAC
- Le Sagouin

MÉRIMÉE
- Tamango
- Colomba

MERLE
- La mort est mon métier

MOLIÈRE
- Le Misanthrope
- L'Avare
- Le Bourgeois gentilhomme

MONTAIGNE
- Essais

MORPURGO
- Le Roi Arthur

MUSSET
- Lorenzaccio

MUSSO
- Que serais-je sans toi ?

NOTHOMB
- Stupeur et Tremblements

ORWELL
- La Ferme des animaux
- 1984

PAGNOL
- La Gloire de mon père

PANCOL
- Les Yeux jaunes des crocodiles

PASCAL
- Pensées

PENNAC
- Au bonheur des ogres

POE
- La Chute de la maison Usher

PROUST
- Du côté de chez Swann

QUENEAU
- Zazie dans le métro

QUIGNARD
- Tous les matins du monde

RABELAIS
- Gargantua

RACINE
- Andromaque
- Britannicus
- Phèdre

ROUSSEAU
- Confessions

ROSTAND
- Cyrano de Bergerac

ROWLING
- Harry Potter à l'école des sorciers

SAINT-EXUPÉRY
- Le Petit Prince
- Vol de nuit

SARTRE
- Huis clos
- La Nausée
- Les Mouches

SCHLINK
- Le Liseur

SCHMITT
- La Part de l'autre
- Oscar et la
  Dame rose

SEPULVEDA
- Le Vieux qui
  lisait des romans
  d'amour

SHAKESPEARE
- Roméo et Juliette

SIMENON
- Le Chien jaune

STEEMAN
- L'Assassin
  habite au 21

STEINBECK
- Des souris et
  des hommes

STENDHAL
- Le Rouge et
  le Noir

STEVENSON
- L'Île au trésor

SÜSKIND
- Le Parfum

TOLSTOÏ
- Anna Karénine

TOURNIER
- Vendredi ou
  la Vie sauvage

TOUSSAINT
- Fuir

UHLMAN
- L'Ami retrouvé

VERNE
- Le Tour
  du monde
  en 80 jours
- Vingt mille
  lieues sous
  les mers
- Voyage au
  centre de
  la terre

VIAN
- L'Écume des jours

VOLTAIRE
- Candide

WELLS
- La Guerre des
  mondes

YOURCENAR
- Mémoires
  d'Hadrien

ZOLA
- Au bonheur
  des dames
- L'Assommoir
- Germinal

ZWEIG
- Le Joueur
  d'échecs

www.lepetitlitteraire.fr

ISBN version numérique : 978-2-8062-1925-1
ISBN version papier : 978-2-8062-1071-5
Dépôt légal : D/2017/12603/571

Avec la collaboration de Florence Balthasar pour les clés de lecture « Le merveilleux », « Une portée symbolique et philosophique », « La suprématie de l'art » et « Une écriture poétique ».

Conception numérique : Primento, le partenaire numérique des éditeurs.

Ce titre a été réalisé avec le soutien de la Fédération Wallonie-Bruxelles, Service général des Lettres et du Livre.

Made in the USA
Monee, IL
07 July 2026